Adolphus Carolus Feit

Bericht der zur Beratung der Trichinen-Frage

niedergesetzten Kommission

der medizinischen Gesellschaft zu Belrin über öffentliche Schlachthäuser

Adolphus Carolus Feit

Bericht der zur Beratung der Trichinen-Frage niedergesetzten Kommission
der medizinischen Gesellschaft zu Belrin über öffentliche Schlachthäuser

ISBN/EAN: 9783743647343

Hergestellt in Europa, USA, Kanada, Australien, Japan

Cover: Foto ©ninafisch / pixelio.de

Weitere Bücher finden Sie auf **www.hansebooks.com**

Bericht

der zur

Berathung der Trichinen-Frage

niedergesetzten Commission der medicinischen Gesellschaft
zu Berlin

über

öffentliche Schlachthäuser.

Berichterstatter
Dr. A. C. Feit.

Mit einer lithographirten Tafel.

Berlin.
Druck und Verlag von Georg Reimer.
1864.

Inhalt.

1. Die Kosten.
   - a. Statistik der Schlachthäuser zu Wien.
   - b. „ „ „ „ Paris.
   - c. „ „ „ „ Brüssel.
   - d. „ „ „ „ Augsburg.
   - e. „ „ „ „ München.
   - f. Ueberschlag der Kosten, Verwaltungsausgaben und Einnahmen der Schlachthäuser zu Berlin, Consum in Berlin, Schlachtabgabe, Einfluss auf den Pfundpreis.
2. Die Concessionsentziehung der Privatschlächter.
   Der gesetzliche Zwang zur Benutzung öffentlicher Schlachthäuser.
3. Das Wagenrasseln, der Einfluss des Transports auf das Fleisch.
   Der Unterschleif, das Monopol des Fleischpreises.
   Die freie Concurrenz.
4. Die Einfuhr der ausgeschlachteten Fleischwaaren.

Berlin besass schon im vorigen Jahrhundert drei öffentliche Schlachthäuser, in welchen, wie das handschriftliche Corpus bonorum des Magistrats vom Jahre 1753, fol. 10 sagt, von den hiesigen Schlächtern alles Rindvieh geschlachtet und für jedes Stück zur Kämmerei 1 Ggr. erlegt werden musste. Sie waren sämmtlich hart an der Spree, theilweise über derselben auf Pfählen erbaut, hatten keine Stallung, keine Waschküchen und keine Mistgruben. Der Dünger wurde entweder in einem Winkel derselben zusammengefegt oder durch ein gelegentlich in die Dielen gehauenes Loch in die Spree geschüttet, die Eingeweide auf den daneben befindlichen Waschbanken gereinigt. So gewährten sie denn ein Bild der widrigsten Unsauberkeit und stetigen Baufälligkeit. Das älteste, im eigentlichen Berlin an der Paddengasse, bestand schon im 17. Jahrhundert, war aber im Jahre 1725 in einem so elenden Zustande, dass die Schlächter lebhaft auf Erbauung eines neuen drangen. In ihrer Bittschrift an den Magistrat vom 13. November 1725 heisst es wörtlich:

„Wir itziger Alt Meister des hiesigen Schlechter Gewerkes müssen Einen Hoch-Edlen Magistrat, als unsern Hochgeehrten Herrn klagend vorstellen, dass unser Schlachthauss durch die Länge der Zeit in einen solchen baufälligen Zustandt gerathen, dass wir nebst unserm Gesinde des Lebens drinnen nicht mehr sicher sind; vor etwa Vierzehn Tagen ist Meister Praetorius Dienst-Magd von der alten ruinirten Waschbank seitwerths herunter und ins Wasser gefallen und versoffen, weil erwehnte Bank krumm und schief und mit

1

keinem Geländer versehen ist. Im Schlacht Hauss wenn ein Ochs geschlagen und niedergefällt wird, giebt es eine solche Drehnung, weil unten die Pfähle nebst den Holmen und schwellen verfault sind, dass Jedermänniglich die Haare zu Berge stehen; das grösste Unglück so uns vorstehet, drohet uns der herabhängende Giebel, weil sich drinnen publiques Stadt-Secret befindet, welches von den Soldaten continuirlich besuchet wird, sollte nun der Giebel herabfallen, und solche Leute todt schlagen, könnten wir mit den Herrn Officieren in Vieles zu thun bekommen und in grosse Kosten gebracht werden, dahero bitten wir Unsern Hochgeehrten Herrn hierdurch dienstlich damit die Verfügung je eher je lieber geschehe, weil das Flicken nicht mehr helffen will, dass ein neues Schlacht Hauss gebauet werden möge. Weil wir den Schlachtgroschen nach wie vor willig zutragen werden."

In Folge dieser eindringlichen Vorstellung wurde an derselben Stelle in der Paddengasse 1726—1727 ein neues Schlachthaus, 84' lang und 36' tief erbaut. Hierzu kam 1749—1750 ein zweites zu Neu-Cölln, dem vorigen schräg gegenüber, an der Blocksbrücke gelegen, und ein drittes in der Neustadt au der letzten (jetzigen Dorotheen-) Strasse; beide auf Pfählen, in ziemlich gleicher Grösse wie das erste. In allen dreien muss die Aufsicht sehr mangelhaft gewesen sein, denn unaufhörlich wiederholen sich die Klagen über Unordnung und ungebührliches Getümmel; bald häuft sich der Mist unter dem Schlachthause an, bald wird er auf die Strasse hinausgekarrt und Niemand will ihn fortschaffen, bald schlachtet ein Soldat in ihnen, bald treiben sich „ledige Weibspersonen" dort herum, die Magistrats-Deputirten müssen lautes „Jachern" und „hässliche, unfläthige Reden" hören, die Bänke werden so geworfen, dass die Bohlen vom Fussboden in die Höhe springen, oder es tritt eine Soldatenfrau in die morschen Dielen und bricht ein Bein u. s. w. u. s. w. Trotz alledem anerkennt das Accise-Reglement vom 29. März 1787 die Nothwendigkeit und Nützlichkeit der Schlachthäuser und bestimmt ausdrücklich: „In den Städten, wo Schlachthäuser befindlich sind, sollen die Fleischer darinnen, und nie anderswo, noch weniger in ihren Häusern gross Vieh schlachten etc."

Am auffälligsten ist aber bei den fortwährenden, namhaften Reparaturen aller drei Anstalten, z. B. im Jahre 1780, 1782, 1786, 1790, ihre gränzenlose Verkommenheit gegen Ende des vorigen Jahrhunderts: die nach der Waschbank führende Treppe bricht mitten durch und eine Magd stürzt ins Wasser, 1791 sinken die verfaulten Unterbalken und der ganze Fussboden hängt schief, und 1793 bricht sogar ein Gesell sammt dem Ochsen in den Fussboden ein und beide wären fast in die Spree gestürzt! Obwohl nun der Magistrat laut Rescript vom 18. Juni 1765 für den eingezogenen Schlachtgroschen verpflichtet war, die Anstalten in gutem Stande zu erhalten, so verzögert sich doch die Erledigung der Angelegenheit, unter lebhaften Klagen des Schlächtergewerks, bis 1810, — nachdem indess das Köllnische Schlachthaus wegen lebensgefährlicher Baufälligkeit schon hatte geschlossen werden müssen. Unter solchen Umständen schien die Nützlichkeit der ganzen Schlachthauseinrichtung dem damaligen Polizei-Präsident v. Gruner doch einigermassen fraglich, allein vom Ministerium wurde principiel für Beibehaltung resp. Erneuerung der Anstalten entschieden. Als hiergegen der Magistrat remonstrirte und den schlechten Stand der Stadtkasse hervorhob, wurde ihm durch Specialbefehl vom 5. Juni 1810 nachgegeben: „die hiesigen Schlachthäuser vorläufig und bis auf so lange als ein verbesserter Zustand der Stadt-Kasse eine zweckmässigere und allen Erfordernissen entsprechende Einrichtung dieses Gegenstandes zulassen wird, bis auf eins eingehen zu lassen.‟ In Folge dessen wurde das zu Neu-Cölln 1811 gänzlich abgetragen, das Berliner (an der Puddengasse) zwar geschlossen, blieb aber als Tummelplatz liederlichen Gesindels und Gegenstand allgemeinen Aergernisses für die Nachbarschaft noch bis 1819 stehen.

Inzwischen hatten viele Schlächter sich im eignen Hause ihre Schlachtgelegenheit eingerichtet, theils durch nachsichtige Handhabung des Reglements vom 29. März 1787 von Seiten des Polizei-Präsidium, theils durch die schlechte Instandhaltung der Schlachthäuser von Seiten des Magistrats dazu veranlasst. Mit dem Eingehen der beiden genannten Schlachthäuser vermehrte sich natürlich die Zahl der Privatschlächtereien. Nichtsdestoweniger liess der Magistrat den Schlachtgroschen für jedes geschlachtete Rind von den zünftigen Meistern unnachsichtlich, selbst durch Execution, eintreiben, gleichviel ob sie das gemeinsame Schlachthaus benutzten oder nicht. Die zünftigen Schlächter sahen hierin um so mehr eine Unbilligkeit, als neben ihnen auch unzünftige, sogenannte Patent-Meister existirten, welche zwar

1*

das Schlachthaus auch nicht benutzten, aber dafür auch keinen Schlachtgroschen bezahlten. Diese unerquicklichen Streitigkeiten über den Schlachtgroschen werden von jetzt an immer lebhafter. Die Stadtverordneten wünschen dringend (3. Februar 1814) die Wiederherstellung sämmtlicher Schlachthäuser; der Magistrat (1816) befürwortet das Eingehen des letzten in der Dorotheenstrasse, aber der Altmeister willigt nicht darein, da doch noch 12 bis 15 Schlächter dasselbe täglich benutzen. Endlich, nachdem noch die Königl. Regierung den Magistrat mit Bezug auf das Accise-Reglement vom 29. März 1787 und namentlich auf den Special-Befehl vom 5. Juni 1810 an die immer noch bestehende Verpflichtung, genügende Schlachthäuser anzulegen, mehrmals (31. Decbr. 1816 und 24. Febr. 1817) erinnert hat, wird wenigstens das Neustädtische (Dorotheenstrasse) 1818 mit einem Kostenaufwande von 4500 Thlrn. fast ganz neu erbaut.

Den Schlächtern, die sich fast durchweg schon im eignen Hause Schlachtkammern eingerichtet hatten, und sich nun von der Erlegung des verhassten Schlachtgroschen nicht befreit sahen, scheint das neue Schlachthaus durchaus nicht gefallen zu haben. Sie benutzten es gar nicht und mussten doch noch im Jahre 1825 die Totalsumme von 1364 Thlrn. als Schlachtabgabe entrichten. Daher machten sie den praktischen Vorschlag, gegen endliche Befreiung von der Zahlung des Schlachtgroschen, gänzlich auf die Benutzung des Schlachthauses verzichten zu wollen. Magistrat ging hierauf nicht ein, Stadtverordnete aber bitten (15. September 1825) denselben um Auskunft über den eigentlichen Zweck des Schlachthauses — „da sie mit der jetzigen Bestimmung dieses Hauses gänzlich unbekannt seien!" Diese war in der That schwierig zu geben. Es stand, obwohl 1818 erst gebaut, schon 1826 morsch, baufällig, unbenutzt und verlassen da, und wurde 1831 höchstens noch zur Aufbewahrung der Cholera-Rettungs-Apparate benutzt. Als aber im Jahre 1835 einige unzünftige Schlächter um Benutzung des Schlachthauses gegen Erlegung des Schlachtgroschen baten, da sie im Hause keine passende Gelegenheit zum Schlachten hätten, und hierauf der Magistrat nur dann eingehen wollte, wenn sich sämmtliche unzünftige Schlächter zur Zahlung des Schlachtgroschen verpflichteten, und als auch der Minister des Innern (27. August 1835) erklärte, den Magistrat nicht zwingen zu können, die Benutzung des Schlachthauses den unzünftigen Meistern selbst gegen Erlegung des Schlachtgroschen gestatten zu müssen, — da waren die Widersprüche so auffällig, dass man sich allseitig nach der Beseitigung der ganzen Schlachthausangelegenheit sehnte. Die Stadtverordneten befürworteten (28. Jan.) das Aufhören des Schlachtgroschen, das Polizei-Präsidium erklärte (13. März 1836) mit Resignation: „Da keine Aussicht vorhanden sei, dass Schlachthäuser in ausreichender Grösse und Zahl errichtet werden können, so ist das Polizei-Präsidium seinerseits damit einverstanden, dass auch das Schlachthaus auf der Neustadt eingehe." —

Nachdem dann noch der Magistrat, unter Widerspruch des Polizei-Präsidium, den Versuch gemacht hatte, das Gebäude als Speicher zu vermiethen, wurde es endlich 1842 abgetragen und die Ueberreste nach dem Hofe des sogenannten Ochsenkopfes gebracht. —

Nach diesem Verlauf wird es wohl erklärlich sein, dass diejenigen eine begründete Abneigung gegen Erbauung öffentlicher Schlachthäuser haben mussten, welche in den neuen nur eine Wiederholung der alten sahen. Die Schlächter wurden freilich durch die überaus mangelhafte Verwaltung der Schlachthäuser aus denselben vertrieben; andererseits machte sich aber, namentlich seit dem Entstehen der gleichen Anstalten zu Paris, eine neue Auffassung von dem Hauptzwecke derselben geltend, welche ihnen höchst unbequem war. Die alten Schlachthäuser waren ursprünglich der Accise und für die Schlächter der grössern Bequemlichkeit wegen erbaut, der Zweck einer genaueren Fleischbeschau wurde zwar auch angeführt, allein wenig oder gar nicht im Auge behalten. Jetzt aber, durch massenhafte Fleischlieferungen im Kriege und verheerende Viehseuchen veranlasst, legte man bei Weitem das grösste Gewicht auf die sanitätspolizeiliche Controle. Um dieser aber aus dem Wege zu gehen, konnten die Schlächter keinen bessern Vorwand finden, als den, durch übel angebrachte Sparsamkeit der städtischen Behörden bewirkten Verfall der Schlachthäuser. Das Ministerium drang daher unausgesetzt auf ihre Wiederherstellung, die Stadtverordneten bitten (1. Aug. 1822) mehrmals um Kenntnissnahme der Pariser Einrichtungen und das Polizei-Präsidium gab noch 1822 (6. Aug.) als hauptsächliches Argument für dieselben an: dass eine „sichere Controle rücksichtlich des Verkaufes gesunden Fleisches sich mit Zuversicht nur durch Schlachten in öffentlichen Schlachthäusern erreichen lasse, allein mit Bedauern sehen wir später von der Anwendung gesetzlicher Zwangsmassregeln zur Erreichung des als so wichtig und nützlich anerkannten Zweckes ganz abstrahiren. Die energische Polizei-Deputation der Königl. Ostpreussischen Regierung gab z. B. schon 1811 (21. Octbr.) für Königsberg eine ganz vortreffliche Schlachthausordnung*) und das Publicandum des Königl. Polizei-Präsidium zu Königsberg vom 24. Februar 1817 verbot die Anlage neuer Privatschlächtereien und ordnete die Anstellung sachverständiger Viehbeschauer (Kittlermeister) an. Allein ihr entschiedener Eifer wurde durch Ministerial-Rescript vom 3. Octbr. 1826**) dahin rectificirt, „dass es „nicht zulässig ist, die unzünftigen Schlächter zu zwingen, ihr „Vieh auf dem, dem dortigen Gewerke gehörigen Schlachthofe „zu schlachten. Letzteren kann vielmehr unbedenklich, wie es „selbst in der hiesigen Residenz geschieht, gestattet werden, in „ihren Häusern zu schlachten, da ein solcher Zwang, als bisher „in N. N. dieserhalb zur Anwendung gekommen, durch die Er-„leichterung, welche, wie die K. Regierung anführt, das Schlachten „auf dem Schlachthofe Hinsichts der polizeilichen- und Steuer-„Controlle gewährt, nicht zu begründen ist." —

Noch deutlicher geht das gänzliche Aufgeben jeder eingreifenden Massregel zur sanitätspolizeilichen Controlle des Fleisches aus dem Ministerial-Rescript vom 13. März 1832***) hervor, welches aber insofern von grosser Wichtigkeit ist, als es offen den Mangel eines hierauf bezüglichen Gesetzes als Behinderungsgrund ganz richtig angiebt. Es findet nämlich, dass die Anlegung öffentlicher Schlachthäuser im Allgemeinen zwar wünschenswerth sei, — „da jedoch ein Gesetz in dieser Beziehung nicht existirt, so ist bisher stets und zwar mit Recht angenommen worden, dass es so wenig zulässig ist, den Communen und den Schlächtern wider ihren Willen die Errichtung von Schlachthäusern anzusinnen, als die Schlächter wider ihren Willen anzuhalten sich der Schlachthäuser zu bedienen, oder ein allgemeines Verbot des Schlachtens in Privat-Localen zu erlassen; sondern es hat sich die Wirksamkeit der Polizeibehörde vielmehr darauf zu beschränken, die Anlegung und den Gebrauch

---

*) Repertorium der Polizei-Gesetze etc. von W. G. v. der Heide, Bd. 1. S. 431: Alle diejenigen Schlächter und Fleischhändler, welche sich diesen An forderungen entziehen, machen sich eigennütziger Betrügereien verdächtig .... und gehen des Rechtes zu dem gemissbrauchten Gewerbsbetriebe auf immer verlustig.
**) Kampts Annalen 1826, S. 1125
***) Kampts Annalen 1832, S 214.

solcher öffentlichen Schlachthäuser auf dem Wege der Vermittelung möglichst zu befördern und darauf zu wachen, dass in allen Localen, wo geschlachtet wird, die möglichste Reinlichkeit stattfinde." — Dies trifft den Kern der Sache; wegen Mangels eines gesetzlichen Zwanges und weil man auf gütliche Vermittelung angewiesen war, sind denn auch alle nun folgenden hierauf bezüglichen Verhandlungen völlig resultatlos geblieben.

Als man im Jahre 1843 die Wiederherstellung öffentlicher Schlachthäuser von Neuem in Anregung brachte, wurden die Altmeister des Schlächtergewerks mit zur Berathung gezogen, weil man eben nicht zwingen, sondern nur vermitteln durfte; obwohl es auffällig bleibt, diejenigen, welche einer strengern Controlle unterworfen werden sollen, über die Zweckmässigkeit derselben zu befragen. Die Schlächter erklärten damals, von ihrem Standpunkt aus vollkommen richtig:

„Die Anlegung von öffentlichen Schlachthäusern ist nicht nöthig, da sämmtliche Schlächter Berlins in ihren Häusern dergleichen besitzen, auch so viel Stallung haben, den Bedarf an Vieh .... aufzunehmen." Sie sahen darin also nur ein Anerbieten zu bequemerer Schlachtgelegenheit. Auch im Jahre 1848 und 1855, als sich der Polizei-Präsident v. Hinkeldei selbst lebhaft dafür interessirte, erging es nicht besser. Es wurde vielfach mit dem Magistrat, den Stadtverordneten und dem Schlächtergewerk verhandelt, „kein dringendes Bedürfniss" dazu gefunden und schliesslich um so eher von Erbauung neuer Schlachthäuser Abstand genommen, als die Kosten inzwischen auf 1,275,000 Thaler veranschlagt waren und die Rentabilität sehr zweifelhaft schien. Die letzte Anregung dieser Angelegenheit ging vom Stadtverordneten Schäffer aus, welcher 1862, 10. Novbr. die Erbauung öffentlicher Schlachthäuser und Markthallen für Berlin beantragte. Die in Folge dessen niedergesetzte Deputation beschloss: dass zur Zeit sich noch nicht übersehen lasse, ob ein Bedürfniss zur Anlage von Markthallen und Schlachthäusern in Berlin vorhanden und desshalb auch nicht die Stadt die Initiative ergreifen könne, mit solchen Anlagen vorzugehen, dass es vielmehr räthlich erscheine, dies lediglich der Privatspeculation zu überlassen und dass, falls dieselbe damit vorschreite und dabei die Beihülfe der Stadt beanspruche, es erst dann an der Zeit sein werde, in weitere Berathung über diesen Gegenstand zu treten.

Erwähnt möge jedoch werden, dass auch Privat-Anerbietungen zur Errichtung solcher Anstalten, theils bei dem Magistrat, theils bei dem Königl. Polizei-Präsidium, bis in die neuste Zeit einliefen (vom Gastwirth Kläger, vom Ober-Thierarzt Professor Dietrich, vom Baurath Cantian, vom Kaufmann Schlieder, vom Ingenieur Titz und Dr. Lazary, und vom Baumeister Schramke). Sie fanden aber alle keine Genehmigung, weil sie entweder Capital oder Zinsgarantie, allmählige Concessionsentziehung oder sonstige gesetzliche Zwangsmassregeln beanspruchten.

Während all' dieser Verhandlungen entstanden aber in vielen andern Städten neue und den Anforderungen einer strengeren Sanitätspolizei entsprechende Schlachthäuser; überall als Controlle der Schlächter angesehen und verwaltet, daher überall mit gesetzlicher Verpflichtung nur in ihnen schlachten zu dürfen. In Frankreich wurde durch Decret Napoleon's vom 9. Febr. 1810 sämmtlichen Communen mittlerer und grösserer Städte aufgegeben, aus eignen Mitteln Schlachthäuser zu erbauen. Demnach erhielt Paris im Jahre 1818 deren fünf, zunächst nur für Rindvieh bestimmte: abattoir Montmartre, ab. Menilmontent, ab. Villejuif, ab. Grenelle und ab. du Roule, welche zusammen 17,344,000 fr. = 4,625,066⅔ Thaler kosteten. (Nach Bizet: Du commerce de la boucherie et de la charcuterie de Paris. Paris, Paul Duport, 1847.) Im Jahre 1845 wurden für 1,400,000 Thaler zwei ausschliesslich zum Schlachten von Schweinen bestimmte Abattoirs errichtet, und endlich 1856 kamen, als Paris etwa 1¼ Millionen Einwohner zählte, durch Decret Louis Napoleon's noch 4 neue Schlachthäuser hinzu.

In Folge dieser Anregung durch Frankreich und da die Anstalten sich so trefflich bewährten, wurden sie in so vielen Städten errichtet, dass ihre vollständige Aufzählung zu weitläufig sein würde. Hervorgehoben mögen indessen folgende werden:

Wien hat seit 1851, als es noch nicht die Einwohnerzahl von 500,000 erreicht hatte, zwei Schlachthäuser (zu St. Marx und zu Gumpendorf) erhalten. Da die K. K. Regierung 1850 den Gemeinden aufgetragen hatte, dieselben aus eignen Mitteln zu erbauen, so haben seit jener Zeit ziemlich alle mittlern und grössern Städte Oesterreichs neue, öffentliche Schlachthäuser.

Mailand mit 182,000 Einw., ein Schlachthaus. Ebenso Hamburg mit 180,000 E. seit 1841, Brüssel seit 1849 mit damals 156,000 E.,

Prag mit 120,000 E.,
Pesth mit 100,000 E.,
Triest mit 70,000 E.,
Nürnberg mit 70,000 E.,
Augsburg mit 46,000 E.,
Krakau mit 45,000 E.,
Pressburg mit 44,000 E.,
Genf mit 40,000 E.,
Basel mit 38,000 E. ist jetzt im Begriff ein Schl. zu bauen,
Mecheln mit 30,000 E.,
Linz mit 28,000 E.,
Regensburg mit 27,000 E.,
Bamberg mit 23,000 E.,
Ulm mit 20,000 E.,
Zürich mit 19,000 E., seit 1862,
Innsbruck mit 14,000 E.,
Schaffhausen mit 9,000 E.
Kempten mit nur 8,000 Einwohnern.

Hierbei ist nicht zu vergessen, dass dies neue, zweckmässig eingerichtete Anstalten sind, und nicht wie in Breslau, Liegnitz, Dresden, Leipzig (Kuttelhöfe), Danzig, Königsberg, Stargardt, Stettin, Rostock (Schlachthöfe), Lübeck (Kütherhaus), Düsseldorf, Köln und vielen andern Städten, alte dem Gewerk gehörige Einrichtungen, welche dem sanitätspolizeilichen Zwecke nicht genügend entsprechen.

Wenn wir nun auch für Berlin mit 548,000 Einwohnern neue, zweckmässig eingerichtete, öffentliche Schlachthäuser dringend empfehlen, so geschieht dies in der vollen Ueberzeugung, dass zunächst der Kostenpunkt kein unverhältnissmässiger mehr ist. Nicht als ob die ersten Auslagen sich heut geringer stellten, — sie werden jetzt gegen 1,500,000 Thlr. betragen, — sondern weil neue und ernste Thatsachen die alten Gründe dafür so gewichtig gemacht haben, dass selbst ein noch grösseres Anlagecapital nicht mehr zu hoch erscheinen darf.

Bekanntlich sind die zu erwartenden Vortheile öffentlicher, zweckmässig belegener und gut verwalteter Schlachthäuser folgende:

1. Entfernung der durch Privatschlächtereien verursachten Ausdünstungen und anderer Unannehmlichkeiten.
2. Beseitigung des Schlachtviehes aus der Stadt.
3. Sichere Controlle über Unschädlichkeit und sonstige Qualität des Fleisches.

Ad 1. Wie sehr fast alle Privatschlächtereien die Hauseinwohner und ihre Nachbarschaft zeitweise durch üblen Geruch und fast täglich durch den Ekel erregenden Anblick des in den Rinnsteinen fliessenden Blutes belästigen, ist bekannt genug. Die Schlächter trifft hierbei nur dann ein Vorwurf, wenn sie die Senkgruben nicht vorschriftsmässig, d. h. wöchentlich mindestens zweimal und im Sommer nach jedem Schlachttage reinigen lassen (cf. Beschluss des Poliz.-Präsid. vom 5. März 1855. Doehl, Veterinär-Polizei des Preuss. Staates 1864, S. 286).

Geschieht dies aber, wie meistens, viel seltener, so verbreiten die verfaulenden thierischen Abfälle und Flüssigkeiten, namentlich im Sommer und besonders beim Entleeren der Senkgruben, einen so durchdringenden Gestank, dass er sich weithin und selbst noch für den nächsten Tag bemerklich macht. Es ist freilich nicht bestimmt nachzuweisen, dass diese stinkenden Ausdünstungen Krankheiten erzeugten oder bestehende, z. B. Cholera und Typhus verschlimmerten, oder auch nur die Lebensdauer der am meisten und unmittelbarsten damit Beschäftigten verkürzt haben, allein die Unannehmlichkeit für Kranke wie Gesunde ist gross genug, um dringende Abhülfe zu fordern. Es bleiben auch noch immer manche Quellen üblen Geruches in der Stadt zurück, z. B. Abtrittsgruben, Seifensiedereien, Gerbereien u. a., aber für die Zukunft wird es viel leichter sein, manche Anstalt, wie Leimsiederei, Talgschmelze, Darstellung des Oels aus Ochsenbeinen u. dgl. aus der Stadt zu verweisen, wenn sie sich an die öffentlichen Schlachthäuser anlehnen können. Sehr richtig sagt in dieser Beziehung Bizet (S. 158): „Ich muss wiederholen, dass dieser ungesunde Einfluss bedingt ist, da in Wahrheit der Geruch des schmelzenden Talges nicht krank macht', die Leute, welche diese Arbeit verrichten, eine prächtige Gesundheit haben und fast alle stark und kräftig sind; allein der Geruch ist scheusslich, ist Ekel erregend, und, macht er auch nicht krank, so verursacht er ein Uebelbefinden, welches einer Krankheit fast gleich kommt.

Verständigerweise verlegt man daher solche Uebelstände dahin, wo ähnliche unangenehme Anstalten fortwährend in Thätigkeit sind."

Mehr aber als Unannehmlichkeit verursacht das in den Strassenrinnen fliessende, oder vielmehr stagnirende Blut. Im Sommer mag wohl die Wasserleitung stellenweis für schnelleres Fortspülen sorgen, jedoch geschieht dies nur einmal täglich, und bei dem überaus geringen Gefälle der Rinnsteine hat die blutige Jauche Zeit und Gelegenheit genug, durch den lockern Sandboden selbst bis in die Kessel der Brunnen zu sickern und durch andauernde Vergiftung des Trinkwassers Gesundheit und Leben zu gefährden. Grade dadurch wird sie so schädlich, dass sie, in nur geringer Menge beigemischt, lange Zeit unbemerkt bleiben kann. Hat erst der (ausgemauerte) Brunnenkessel eine schadhafte Stelle, durch welche die Jauche in grösserer Quantität einfliessen kann, so wird das Trinkwasser schon im Geschmack, Geruch und Aussehn merklich verändert und dem Uebelstande bald abgeholfen. Ausserdem wird die in die Erde eingezogene Jauche, namentlich im Sommer, die schädlichen Miasmen der Verwesung aushauchen. Im Winter dagegen bilden die compacten blutigen Eis-Massen einen wahrhaft abschreckenden Anblick; bei frischem Zufluss ist dann der Vorübergehende nicht selten genöthigt in die blutigen Lachen zu treten, entsteht aber Thauwetter, oder wird das Eis vorschriftsmässig aufgehauen, so ist wieder Gestank und Schmutz die nächste Folge.

Ad 2. Was das Viehtreiben nach den Privatschlächtereien betrifft, so bestimmt zwar §. 47 der neuen Fahrordnung für Berlin (26. April 1863), dass kein Schlachtvieh nach 6 Uhr Morgens und vor 11 Uhr Abends durch die Strassen getrieben werden darf; dass am Tage dasselbe nur in besonders dazu eingerichteten Wagen gefahren werde; ausserdem sind die innezuhaltenden Wege von den Eisenbahnhöfen nach dem Viehmarkt am Landsbergerthore genau vorgeschrieben und manche Strassen, sowie die Sonn- und Festtage, für den Viehtransport in der Stadt gänzlich verboten (Poliz.-Ver. 21. Decbr. 1858; Doehl, Veterin.-Pol. 1864, S. 257). Aber abgesehen davon, dass alle diese umfangreichen Vorschriften den Viehtransport in einer für Käufer und Verkäufer lästigen Weise beschränken, so wird dennoch der Verkehr in den Strassen durch die grossen Vieh-Wagen und namentlich durch das Abladen vor den Schlächtereien gehemmt, Eigenthum beschädigt, Gesundheit und Leben durch sich losreissendes Schlachtvieh gefährdet. Es ist einleuchtend, dass mit der Zunahme der Bevölkerung und der Ausdehnung der Stadt die Unglücksfälle sich nur vermehren können. In genügender Weise wird diesen Uebelständen nur durch öffentliche Schlachthäuser abgeholfen, die vor der Stadt, nicht allzuweit von den das meiste Schlachtvieh liefernden Eisenbahnhöfen belegen sind.

Ad 3. Früher haben der Milzbrand, die Wuth und der Rotz als die gefährlichsten, durch den Genuss des betreffenden krankhaften Fleisches auf Menschen übertragbaren und dann meist tödtlichen Thierkrankheiten gegolten. Demnach wird im Regulativ vom 8. August 1835, betreffend die sanitätspolizeilichen Vorschriften bei ansteckenden Krankheiten der Menschen und solchen Thierkrankheiten, welche auf Menschen übertragbar sind, im §. 103 das Schlachten des wuthkranken, oder auch nur von einem solchen Hunde gebissenen Viehes, und im §. 113 das Schlachten des milzbrand-kranken Viehes verboten (S. Horn, Veterinär-Med.-Wesen S. 13).

Und noch 1860 hält die „Anleitung zur Instruction der Fleischbeschauer" im Königreich Sachsen das Fleisch für gänzlich ungeniessbar, wenn es von Thieren herrührt, die mit Milzbrand oder milzbrand-verdächtigen und verwandten (typhösen) Krankheiten behaftet oder wutkrank gewesen sind, sowie das Fleisch von rotz- oder wurmkranken Pferden.

Es kann nicht geleugnet werden, dass das Fleisch der genannten drei Krankheiten, namentlich gekocht, von Einigen für vollkommen geniessbar und unschädlich gehalten wird. Delafont, Professor zu Alfort, kommt in seiner 1851 zu Paris erschienenen Schrift: De l'insalubrité et de l'innocuité des viandes de boucherie pui peuvent être rendues à la criée du marché des prouvaires à Paris, zu dem Schlusse, dass das Fleisch aller an epizootischen, enzootischen und sporadischen Krankheiten verendeten Thiere ohne jeden Schaden genossen werden könne; ausgenommen beim Milzbrande, obwohl auch bei dieser Krankheit weniger der Nachtheil vom Genusse eines solchen Fleisches, als vielmehr die Gefahr für diejenigen, welche das Fleisch und die Häute der Thiere anfassen müssen, zu berücksichtigen sei.

Auf dieselben Versuche der Thierarzneischule zu Alfort bezieht sich Renauld in seinen Etudes expérimentales sur les effets des matiéres virulentes dans les voies digestives de l'homme et des animaux, deren praktische Resultate dahin auslaufen (Gaz. méd. de Paris XXI. année, No. 47 page 742), dass, so begreiflich der Widerwille des Menschen auch sei, Fleisch oder Milch von Thieren, die mit contagiösen Krankheiten behaftet waren, zu geniessen, dies doch thatsächlich keine Gefahr für ihn hat, sobald nur Fleisch und Milch gut gekocht sind.

Wenn nun auch einzelne Fälle vorliegen, wo milzbrandkrankes Fleisch ohne schädliche Folgen genossen worden ist, so sind doch die mit tödtlichem Ausgange so zahlreich (Kreutzer, Veterinär-Medic. 1853, S. 753), dass die Möglichkeit, ja selbst Wahrscheinlichkeit der Ansteckung durch Genuss milzbrandkranken Fleisches unbestreitbar bleibt. Dies muss genügen, um den Verbrauch des letzteren zur menschlichen Nahrung nicht nur zu verbieten, sondern nach Kräften auch unmöglich zu machen. Für grössere Städte ist dies nur durch genaue Vieh- und Fleischbeschau in den öffentlichen Schlachthäusern ausführbar.

Aehnlich ist die Gefahr beim Fleische wuthkranker Thiere. *) Wenn es bei unverletzter Epidermis in die Verdauungsorgane gelangt, so scheint es freilich unwirksam zu bleiben, aber hierin liegt schon eine Möglichkeit der Ansteckung, und die grosse Gefährlichkeit dieser schrecklichen Krankheit für den Menschen gebietet es, den Genuss solchen Fleisches ganz zu untersagen und möglichst zu verhindern.

Auch die Gefahr, welche der Gesundheit durch die Finnen droht, darf nicht unterschätzt werden. Durch kräftiges Kochen oder Räuchern werden dieselben zwar getödtet und unschädlich gemacht, allein es giebt Gelegenheiten genug, wo sie durch rohes und halbrohes oder nicht durchgeräuchertes Schweinefleisch (Schinken, Würste) in den Magen kommen und sich zu Bandwürmern entwickeln können, ja selbst, wie Leichenöffnungen klar bewiesen haben, bis in's Auge und Gehirn gelangen und Blindheit oder den Tod verursachen (cf. Schmidt's Jahrb. Bd. 119. S. 46). Wenn Soumille (Gaz. des Hôpitaux 1854, pag. 122) in seiner Preisschrift „des viandes de boucherie" vom finnigen Schweinefleische behauptet: „qu' à l'état frais elle est aussi bonne, aussi succulente et aussi agréable à manger que la viande non-ladrique," so ist dies eine handgreifliche Täuschung. Damals war in Paris die Fleischtheuerung sehr fühlbar. Dr. Petit weist nach (Gaz. des Hôpit. 1854, S. 359), dass die ganze Fleischproduction in Frankreich vollständig unzureichend sei. Allein desshalb dem Publi-

---

*) Das gefährliche Rotzgift wird hier nicht weiter besprochen, weil in den beregten Anstalten Pferde nicht geschlachtet werden.

cum finniges Fleisch als unschädlich und agréable anzupreisen, ist eine zweideutige Humanität. Endlich ist zu diesen eine lange genug unentdeckt gebliebene, aber nicht minder gefährliche Krankheit gekommen. Die Trichinen der Schweine sind durch den Genuss des rohen, oder nicht gut durchgekochten Fleisches auf Menschen übertragbar; es steht fest, dass in manchen Orten Deutschlands wahre Epidemien ausgebrochen und nicht wenig Menschen derselben zum Opfer gefallen sind. Belehrung über die Gefahr kann zwar viel nützen, aber sie durchdringt nicht alle Schichten der Bevölkerung, eine strenge und sichere Controlle des Schlachtviehes resp. des ausgeschlachteten Schweinefleisches wird durch die wiederkehrenden Unglücksfälle um so dringender geboten, als dasselbe in der Form von Schinken und Würsten häufig roh oder halbroh genossen wird. . Die Trichinen haben daher mehrfach Veranlassung gegeben, auf die Nothwendigkeit einer genauen Fleischbeschau hinzuweisen, *) welche neuerdings auch in Stettin, Nordhausen und Braunschweig eingeführt sein soll.

Zwar haben Gesetzgebung, Veterinär- und Markt-Polizei versucht, durch Strafandrohungen und Vorschriften eine sichere Controlle zu erreichen. Das sogenannte Viehsterbe-Patent vom 2. April 1803 (Horn, Vet.-Pol. S. 31) verordnet §. 7, dass jedes zum Schlachten bestimmte Stück Rindvieh vor dem Schlachten von dem Gemeindevorsteher oder Hirten besichtigt und nur dann die Erlaubniss dazu von Ersterem gegeben werde, wenn sich kein Merkmal einer innern Krankheit zeigt. Der §. 10 sagt: Niemand darf aus einem andern Orte Rindvieh einbringen, wenn er nicht darüber ein zuverlässiges Gesundheitsattest vorzeigen kann.

Ausserdem wird durch Min.-Verf. v. 6. März 1855 die Ueberwachung der Viehmärkte durch approbirte Thierärzte in sanitäts- und veterinärpolizeilichem Interesse angeordnet. Dass aber in den genannten Verfügungen das letztere bei weitem überwiegen soll, ergiebt sich aus der Verf. v. 18. Novbr. 1834 (Horn, Veterin.-Poliz. S. 113), in welcher Königl. Regierung zu X, welche §. 9, 10 und 13 des Viehsterbe-Patentes auch auf Pferde, Schafe und Schweine ausgedehnt hatte, aufgefordert wird, „nicht in be-

*) Küchenmeister: Ueber die Nothwendigkeit und allgemeine Durchführung einer mikroskopischen Fleischschau. Dresden 1864.

Dr. B. Rupprecht: Die Trichinenkrankheit etc. Hettstädt 18 64 (8. 1671).

Petition der Aerzte Hannovers um Einführung öffentlicher Schlachthäuser; Hannoversche Anzeigen, 1864, 10. Januar.

denklicher Voranstellung der sanitätspolizeilichen
Einrichtungen" Handel und Verkehr zu erschweren. Dahingegen berücksichtigt in höchst anerkennenswerther Weise die sanitätspolizeiliche Seite der Finnen- und Trichinen-Krankheit ein Erlass der Königl. Regierung zu Potsdam vom 7. April 1863 (cf. Amtsblatt 1863, Stück 16), durch welchen ausdrücklich bestimmt wird, dass finniges und trichinenhaltiges Fleisch im Sinne des Strafgesetzes zu den verdorbenen Esswaaren gehöre. §. 345, ad 5 des preuss. Straf-Ges.-B. bedroht aber Verkäufer von verdorbenen Esswaaren mit namhaften Strafen.

Allein die genannten Massregeln sind unzureichend. Das geforderte Gesundheitsattest kann für ein anderes gesundes Stück Vieh ausgestellt und nachher ein krankes dafür untergeschoben sein; der das Attest ausstellende Schulze hat ein natürliches Interesse daran, dass krankes Vieh von der Gemeinde-Heerde entfernt und gut verkauft werde; das gesund aus dem Dorfe getriebene Vieh kann auf dem Transport erkranken; auf dem Viehmarkt selbst glaubt der Schlächter vielleicht keinen „zweifelhaften Gesundheitszustand" beim Vieh zu bemerken, wenn er nur billig einkaufen kann, und endlich wird er bei nur äusserer Untersuchung manche Krankheit, z. B. die Finnen, so lange sie sich nicht an der Zunge bemerklich gemacht haben, übersehen und andere, z. B. die Trichinen, ebensowenig wie der Thierarzt erkennen. Dahingegen lassen sich letztere im ausgeschlachteten Fleische, wenn sie eingekapselt sind, ziemlich leicht, aber als freie oder noch nicht lange eingekapselte Muskeltrichinen nur mittelst mikroskopischer Untersuchung durch einen Sachverständigen sicher erkennen. Alles dieses weiset auf die Nothwendigkeit einer gewissenhaften Fleischbeschau beim Schlachten hin. Soll dieselbe aber sowohl dem Publicum, als der Sanitäts-Polizei Garantien ihrer Zuverlässigkeit geben, so ist sie, wie dies von allen Sachverständigen anerkannt wird, nur durch öffentliche Schlachthäuser zu erreichen. (Cf. Pappenheim, Sanitäts-Polizei, Berlin 1858, Bd. 1. S. 589 u. ff.)

Ausser den genannten, für Menschen entschieden lebensgefährlichen Thierkrankheiten giebt es aber noch andere, welche das Fleisch des davon befallenen Viehes unappetitlich, ekelhaft und nur in ihrem letzten Stadium auch schädlich für Menschen machen.

Die Lungenseuche, eine nur beim Rindvieh vorkommende Entzündung der Lungen und des Brustfelles, die stets in Aus-

schwitzung übergeht, macht das Fleisch der davon befallenen
Thiere für Menschen durchaus nicht schädlich. Ausdrücklich wird
daher das Schlachten dieser Thiere erlaubt „als eines der sicher-
sten Mittel gegen Weiterverbreitung und selbst für die Tilgung der
Seuche" (Min.-Verf. v. 28. Aug. 1847, Horn S. 90). Wenn aber im
dritten Stadium der Krankheit der Athem röchelnd und stinkend
wird, aus der Nase eine stinkende Jauche fliesst, der Koth dünn
und unwillkürlich abgeht, kurz alle Erscheinungen die vollständige Kachexie anzeigen, so ist das Fleisch ekelhaft und seine
Nährkraft bedeutend verringert. Mag es auch dann noch unschädlich sein, wie Veith (Veterinärkunde Bd. II. S. 437) und
Wagenfeld (Lungenseuche des Rindviehes, Danzig 1832, §. 19.)
nachgewiesen haben, so dürfte es doch unbillig sein, unter diesen
Umständen die Küche resp. den menschlichen Magen zur
Tilgung der Seuche zu verwenden. Förderung der
Viehzucht im eignen Lande, um den Bedarf an Rindvieh
im Staate durch inländische Zucht möglichst zu decken, das ist,
wie Gerlach nachweist (Gurlt, Magaz. XIX. S. 53), das sicherste
Mittel zur Verhütung der Lungenseuche, und dazu tragen, wie
weiter unten nachgewiesen werden soll, Schlachthäuser wesentlich bei.

Sollte aber dennoch das Fleisch aus den ersten Stadien dieser Krankheit (zum Genuss für Menschen) verkauft werden dürfen, so müsste es nur nach vorangegangener zuverlässiger Fleischbeschau und mit ausdrücklicher Nennung der Krankheit geschehe-
hen. Wiederum: Zuverlässige Controlle ist nur durch öffentliche
Schlachthäuser möglich.

Auch die Rinderpest macht das Fleisch der davon befallenen Thiere nicht schädlich für den Menschen, wie dies vielfache
Thatsachen beweisen (cf. Schwebes, Casper's Vierteljahrsschr.
Bd. VII. S. 81); aber wenn erst die Zeichen des acuten Darmlei-
dens hervortreten, der flüssige, blutige Mist mit Exsudaten ver-
mischt ist, Geifer aus dem Maule, dicker Schleim aus der Nase
fliesst, wenn die Haut trocken, pergamentartig, die Haare glanz-
los gesträubt sind, so hat die Abmagerung schon bedeutende
Fortschritte gemacht und das Fleisch ist nicht mehr „bankwür-
dig", wenn es auch ohne Schaden gegessen werden kann, wie
dies z. B. bei den Truppen in Frankreich 1815 allgemein der
Fall gewesen ist (Rust's Magazin Bd. 55. S. 224).

Aehnlich verhält es sich mit der Maul- und Klauenseuche,
der Räude, der Wassersucht, Ruhr, bei ausgebreiteten Krebsdege-

nerationen (Adam, Veterin.-Polizei S. 101), bei Kälbern, die häufig zu jung geschlachtet werden und bei Nothschlachtungen, welche bei plötzlich drohendem Tode ausgeführt werden und die Möglichkeit einer stattgehabten Vergiftung bieten.*) In allen diesen Fällen ist das Fleisch zum Genuss für den Menschen nur bedingt zulässig; eine gewissenhafte Fleischbeschau unmittelbar beim Schlachten muss entscheiden, ob das ganze Thier oder nur einzelne Theile desselben zu verwerfen sind und eventuell zu welcher Fleischqualität es beim Verkauf zu rechnen sei.**) Letzteres, bei uns noch nicht üblich, ist dennoch von grosser Wichtigkeit, indem es sowohl das Publicum vor Uebervortheilung durch die Schlächter, als auch das Institut der Schlachthäuser gegen den Ruf der Fleischvertheuerung schützt.

Ganz sachgemäss unterscheidet die 1860 in Sachsen publicirte Instruction für Fleischbeschauer:

1. Bankwürdiges, d. h. ganz tadelloses Fleisch, welches von gesundem Vieh entnommen, auch im Verkaufslocale noch frisch sein muss (§. 7). Auch schliessen Blähsucht, Verwundungen, Knochenbruch, selbst geringe örtliche, äussere oder innere Krankheitszustände, bei denen das Wohlbefinden und namentlich die Anmästung der Thiere nicht gelitten hat, die Bankwürdigkeit nicht aus (§. 4).

2. Nicht bankwürdiges, aber ohne unmittelbare nachtheilige Folgen für die menschliche Gesundheit noch geniessbares Fleisch. Es darf (§. 6) nicht zum öffentlichen feilen Verkauf gebracht werden.

Offenbar ist dies eine Härte; wenn nicht-bankwürdiges Fleisch in besonderen Läden zu billigern, aber festgesetzten Preisen verkauft wird, so kann der Zweck, das Publicum vor Uebertheuerung und Betrug zu sichern, schon erreicht werden.

3. Für den Menschen gänzlich ungeniessbar ist das Fleisch von Thieren, welche mit Milzbrand, milzbrand-verdächtigen und verwandten typhösen Krankheiten behaftet, oder wuthkrank gewesen sind; bei denen eine Vergiftung nachweisbar oder auch nur wahrscheinlich ist; auch Fleisch von Pferden, die mit Rotz

---

*) cf. Hertwich, Untersuchungen über den Uebergang und das Verweilen des Arseniks in dem Thierkörper. Berlin 1847.

Wiedemann, Arseniksolution als Waschmittel gegen Läuse. Magaz. f. gesammte Thierheilkunde, XXII. 4. S. 486.

**) cf. Friedrich, Handbuch der Gesundheits-Polizei. Ansbach 1851 §. 208 etc.

oder Wurmkrankheit behaftet waren; endlich von crepirten Thieren und solchen, die vorher krank waren und die Zeichen baldigen Ablebens an sich trugen.

Noch genauer und weitergehend ist die 1857 in Bayern eingeführte musterhafte Fleischbeschauordnung (cf. Adam, Veterin.-Polizei S. 180). Dieselbe bestimmt im §. 10:

„Die Fleischbeschauer haben nicht nur darüber zu wachen, dass das zum Verkauf bestimmte Fleisch vollkommen geniessbar und unschädlich für den Menschen ist, sondern auch dass die Qualität desselben mit den jeweilig hierfür festgesetzten Geldpreisen in Uebereinstimmung stehe.“

Zu diesem Behufe werden dann (§. 11—13) drei Qualitäten des geniessbaren und verkaufbaren Fleisches aufgestellt und genau beschrieben, wobei hauptsächlich auf Alter, Geschlecht, Race, Mast und Gesundheitszustand des Schlachtviehes gesehen wird. Auf dem darüber ausgestellten Fleischbeschauschein wird die Besichtigung vor und nach der Schlachtung attestirt, die Qualität und die Taxe pro Pfund ausdrücklich bemerkt.

Geht man nun noch ein Geringes weiter, so kommt man consequenterweise auf die allein praktische und der Billigkeit entsprechende englische Fleischverkaufs-Methode. Die Güte und Nährkraft des Fleisches ist nämlich nicht allein bei den verschiedenen Schlachtthieren, sondern auch nach den einzelnen Körpertheilen ein und desselben Viehes wesentlich verschieden. Dem entsprechend müssen auch die Preise sein. In Paris giebt es 4 Sorten Rindfleisch mit polizeilich normirten Preisen; in London hat man 4 Klassen Rindfleisch mit 16—18 Nummern und 9 verschiedenen sich abstufenden Preisen. (S. die Abbild.) Im Jahr

1848 gingen sie von 16 Half-Pence (6 Sgr. 8 Pf.) für das Schwanzstück bis auf 4 Half-Pence (1 Sgr. 8 Pf.) für die Beine herab. Dabei ist zu beachten, dass Alles ohne Knochen verkauft wird, — ausser wenn sie ausdrücklich verlangt werden. Bei uns in Berlin wird das Fleisch nach der Selbsttaxe des Verkäufers von 4 bis 6 Sgr. pro Pfund verkauft (auserlesene Filet-Stücke freilich bis 8 Sgr. und noch höher rechnen nicht mit). Das beste Fleisch ist zu wohlfeil, das geringere zu theuer. Unbilligerweise verhelfen die ärmeren Volksklassen den wohlhabenden zu billiger Nahrung und dem Schlächter, der ihnen Knochen für Fleisch giebt, zu reichem Verdienste. Da er durch mittleres und geringes Fleisch bei uns die besten Einnahmen erzielt, so kauft er auch (brillante Ausnahmen giebt es, das wissen wir) meist schlechtes, altes Zugvieh ein; unser Landwirth hat kein Interesse daran, gutes Mastvieh zu züchten, oder wenigstens nach Berlin zu verkaufen, weil eben gutes Fleisch durchschnittlich hier nicht nach seinem Werthe bezahlt wird. Wiederholt haben Sachkundige versichert, dass das schöne Mastvieh aus der Umgegend Berlins nicht hierher, sondern nach Frankreich und hauptsächlich nach England verkauft wird, seitdem dort der früher hohe Eingangszoll auf Schlachtvieh bedeutend ermässigt worden ist. Haben wir aber erst städtische Schlachthäuser, d. h. also sachgemässe Fleischbeschau, zweckmässigen Fleischverkauf, sei es nach englischem oder wenigstens nach bayrischem Muster, dann werden wir erstlich besseres und billigeres Fleisch haben, zweitens wird der Landwirth hier auch höhere Preise als vom englischen Unterhändler erhalten, da letzterer immer noch den Transport und Eingangszoll zu den Auslagen zurechnen muss; der Viehzüchter wird sogar bedeutend höhere Preise erreichen, wenn er sein Vieh in den Schlachthäusern schlachten und en gros an Fleischhöker oder Consum-Vereine verkaufen darf. Dies besteht, wie unten weiter ausgeführt werden soll, in Paris seit 1858 und zwar mit dem besten Erfolge — für das Publicum. Und endlich wird sich hierdurch die Viehzucht um so sicherer verbessern, je schneller sich der Landwirth überzeugt, dass es beim Schlachtvieh nicht auf alte, starke Knochen, sondern auf reichliches, junges und saftiges Fleisch ankommt. Man vergleiche die Yorkshire-Race mit ihrem kleinen Kopfe, feinen Knochen, kurzen Hörnern und der grossen Fleischentwickelung mit unserm starkknochigen Lastviehe. Aber in England lässt man die Zuchtstiere nicht über 5, höchstens 6 Jahr alt werden, dann werden sie verschnitten, ge-

2*

mästet und zur Schlachtbank geführt. Die besten Milchkühe, welche bei uns 12—15 Jahre benutzt werden, lässt man dort im 5. Jahre ausrangiren, mästen und schlachten. Dadurch hat sich das englische Schlachtvieh dergestalt verbessert, dass es durchschnittlich ⅖ seines Fleischgewichts Fleisch erster Klasse liefert, dass englisches Kuhfleisch besser ist, als unser Ochsenfleisch, und Rindfleisch zweiter Klasse (No. 6—10) in London besser als (durchschnittlich) das beste in Berlin. (Cf. Dr. C. W. L. Gloger, die englische Fleisch-Verkaufs-Weise. Berlin, Gebauer 1855, S. 6, 13.) Also nichts Geringeres als Verbesserung der Viehzucht durch Schlachthäuser!*)

Die Bedenken gegen Erbauung öffentlicher Schlachthäuser für Berlin sind, bei der allgemein anerkannten Nützlichkeit dieser Institute, meist localer Natur und unwesentlich, sobald nur die Schlächter selbst den guten Willen haben, sich gegen den §. 345 (ad 5) des Strafgesetzes und das Publicum vor gefährlicher Ansteckung sicher zu stellen, wenn sie — Alle und nicht blos Einzelne — Einsicht genug haben, ihren Vortheil im preiswürdigen Verkaufe nur guten Fleisches zu suchen. Aber bis in die neueste Zeit sind die Schlächter Berlins im Allgemeinen die Gegner öffentlicher Schlachthäuser.

In den 1855 zwischen dem Polizei-Präsidium und dem Magistrate darüber gepflogenen Verhandlungen wurde das hiesige Schlächtergewerk um seine Meinung gefragt und hauptsächlich folgende Einwendungen aufgestellt:

1. Der hohe Kostenpunkt und die fragliche Rentabilität.

2. Die sogenannten Privilegien der Schlächter, d. h. die Concession, die ihnen unter gewissen Bedingungen zum Betriebe ihrer Privatschlächterei gegeben worden ist und nicht so ohne Weiteres genommen werden kann.

3. Grössere Umständlichkeit im Geschäft durch Trennung des Schlachtlocals vom Verkaufladen. Belästigung des Publicums durch Wagengerassel am frühen Morgen. Beeinträchtigung des

---

*) Freilich hat sich in England die Viehzucht auch ohne Schlachthäuser verbessert durch eben genannte Fleisch-Verkaufsmethode und die grosse Aufmerksamkeit, welche man in allen Schichten der Bevölkerung dort auf gutes gesundes Fleisch verwendet. In London bestanden 1850 in der Nähe der Paulskirche ganz elende Schlachthäuser, jetzt sollen mehrere zweckmässige errichtet worden sein.

Fleisches durch den Wagentransport und Unmöglichkeit einer
Controlle über das abgeholte Fleisch. Vertheucrung des Fleisches.
4. Durch den bei öffentlichen Schlachthäusern nothwendig
werdenden Ausschluss der auswärtigen Schlächter werde die freie
Concurrenz aufgehoben und den städtischen Schlächtern ein gefährliches Monopol geschaffen, da sie dann den Preis des Fleisches ganz allein in der Hand hätten.

Zunächst muss nochmals darauf aufmerksam gemacht werden, dass es einigermaassen misslich ist, das Schlächtergewerk da
um Rath zu befragen, wo es sich um seine eigene Controlle und
die Erreichung sanitäts-polizeilicher und national-ökonomischer
Zwecke handelt. Selbst beim besten Willen für die Sache wird
es im Allgemeinen die weitgreifende sanitäts-polizeiliche Wichtigkeit der besprochenen Institute richtig zu würdigen schwerlich im
Stande sein, ihnen — wie geschehen — kleinliche, untergeordnete
und nicht zutreffende Einwendungen entgegensetzen, oder gar
meinen (1843): „dass das hier zum Verbrauch kommende Fleisch
gar nicht von einer so schlechten Beschaffenheit sei, dass Anlass
gegeben wäre, auf eine Verbesserung desselben vorzudenken.“

Grade dieser patriarchalischen Anschauung gegenüber, die
vielleicht auch im Publicum Anhänger hat, thut es Noth, die
Worte eines unparteiischen, sachverständigen Thierarztes zu wi-
derholen. In Gurlt und Hertwig's Magazin für Thierheilkunde,
Bd. XIX. (1853) S. 286 sagt Prof. Dr. Gerlach: „In Berlin
wird mindestens eben so viel krankes als gesundes Vieh verzehrt
und unter dem kranken Vieh, von dem eine grosse Mehrzahl an
der Lungenseuche leidet, ist manches Stück, bei dem sich schon
vollständige Cachexie und selbst Colliquation ausgebildet hat.
Das elendeste, ekelerregende Vieh kommt nicht leben-
dig in die Stadt, sondern in Stücken zerlegt. Auf den
nächsten Dörfern um Berlin wohnen Fleischer — sie werden oft
mit dem nicht ganz unpassenden Namen „Schinder-Fleischer“ be-
legt, die förmlich Jagd auf erkranktes und ausgezehrtes Vieh
machen, womit (ausgeschlachtet) sie den Berliner Markt frequen-
tiren.“

„Auch bei den in Berlin geschlachteten Thieren sind sehr viele
kranke, denn eine Controlle ist ohne Schlachthäuser
nicht ausführbar und ausserdem wird grade in dieser Beziehung die Sanitäts-Polizei nicht mit der Strenge und Sorgfalt gehandhabt, als wünschenswerth und selbst nothwendig ist. Wenn
man des Montags auf den Viehmarkt geht, so sieht man, wie die

kranken ausgezehrten Rinder öffentlich zum Verkauf gestellt werden!" — Hiernach wird man zugeben, dass das Verlangen nach besserem Fleisch wohl begründet ist.

Die Schlächter sehen mit Recht in der Erbauung öffentlicher Schlachthäuser eine grosse Veränderung ihres ganzen Geschäftsbetriebes, und fürchten sie — mit Unrecht. Ueberall, namentlich in Wien, Hamburg, Augsburg, Brüssel wurden und werden die Schlachthäuser von den Fleischern selbst als eine Wohlthat angesehen, die sie jetzt — nach Ueberwindung einer kurzen Uebergangszeit — nicht mehr entbehren möchten.

ad 1. Die Kosten. a. Die zwei Schlachthäuser in Wien haben, einschliesslich des Areals für 35,000 fl., zusammen 2,003,228 fl. O. W. gekostet. — Die Anstalten sind grossartig gebaut und luxuriös eingerichtet, daher als Geldspeculation mehr oder weniger unpraktisch. Allein die Kaiserlich-Königliche Hauptstadt betrachtete sie ausgesprochnermassen als Humanitäts-Anstalten und that eben mehr, als das dringende Bedürfniss erforderte. Sie sind nur für das Schlachten von Rindvieh bestimmt, liegen in den Vorstädten St. Marx und Gumpendorf und machen zusammen durchschnittlich 104,585 Schlachtungen jährlich. An Schlachtgebühr werden nur 70 xr. bezahlt, das Marktstätte-Geld, 1 fl. pro Stück, kommt in die Communal-Kasse. Da sie nicht am fliessenden Wasser liegen, so musste für das zu St. Marx, als das grössere, eine Dampfschöpfmaschine gebaut werden, sowie ein Reservoir für 2600 Eimer Wasser. Das zu Gumpendorf erhält seinen Wasserbedarf von der allgemeinen Wasserleitung in Wien. Jeder Fleischer hat, wenn er mindestens 10 Ochsen wöchentlich schlachtet, eine eigne Schlachtkammer, deren 80 in jedem Hause bestehen, sonst zwei auch drei Fleischer eine Kammer zusammen. Ferner sind Wasserbassins, Stallungen, Heu- und Hauttrockenböden, Eiskeller, Talgschmelzerei und Pepsin-Fabrik vorhanden.

In jedem Schlachthause ist ein besonderer Director angestellt mit 1470, resp. 1260 fl. Gehalt, freier Wohnung und Heizungsbeitrag von 84 fl., ein controllirender Commissär mit 800 resp. 700 fl., 4 Ober-Brückenaufseher mit je 525 fl. Gehalt, freier Wohnung und Heizungsbeitrag von 42 fl., 6 Schlachtbrücken-Unteraufseher mit je 420 fl. Gehalt und 105 fl. Quartiergeld, endlich ein Portier mit 525 fl., freier Wohnung und 42 fl. Holzgeld. Ausserdem zu St. Marx ein Nachtwächter mit 315 fl. und freier Wohnung, zu Gumpendorf ein solcher mit 1 fl. 5 xr. täglich.

Die gesammten jährlichen Auslagen stellen sich nach directen amtlichen Mittheilungen folgendermassen:

1. Bezüge der Beamten und Diener . . . 18,895 fl. 80 xr.
2. Pauschquanta der beiden Directoren (Beleuchtung, Wagen, Kanzleiutensilien) . . 194 „ 57 „
3. Erhaltung der Gebäude . . . . . . 5,200 „ — „
4. „Bestallungen“ (Schornsteinfegen, Canalreinigen, Ratten-Vergiften) . . . . . 1,057 „ 79 „
5. Beleuchtung . . . . 1,558 „ 90 „
6. Beheizung . . . . 436 „ — „
7. Reparatur der innern Einrichtung . . . 1,061 „ — „
8. Maschinenbetrieb in St. Marx . . . . 2,863 „ — „
9. Feuer-Assecuranz . . . . 456 „ — „
10. Reinigungskosten etc. . . . . 1,686 „ — „

Total . 33,409 fl. 6 xr.

Die Einnahmen sind an Miethe 1,936 fl.
an Schlachtzins 73,209 „

Total . 75,145 fl. — xr.
bleibt Reingewinn . 41,735 fl. 94 xr.

wonach das Anlage-Capital sich mit 2 Procent verzinset.

Dies ist nicht so unbedeutend, wenn man die überaus niedrige Schlachtabgabe und den Ausschluss der Schweineschlächterei erwägt. Die Anstalten hätten mit Leichtigkeit auf einen dreifach höheren Ertrag gebracht werden können, wenn man sie sparsamer gebaut und die Abgaben höher gestellt hätte.

Da die K. K. Regierung (beiläufig i. J. 1850) den Communen aufgegeben hatte, überall wo es die Mittel der letzteren erlaubten, auf eigne Kosten öffentliche Schlachthäuser zu erbauen, so unterstützt sie auch die Gemeinden in Durchführung der zwangsweisen Schlachtung. Kein Rindvieh darf ausser den Schlachthäusern geschlachtet werden bei Strafe von 100 fl. für jedes Stück. Ausgenommen sind Nothschlachtungen. In den Städten Oesterreichs, in welchen auch „Stechhallen“ bestehen, gilt eine ähnliche Bestimmung für das Schlachten von Schweinen.

b. Von den 1810 erbauten Schlachthäusern in Paris enthält abattoir Montmartre auf 37,240 mètres carrés 25 Gebäude mit 64 Schlachtkammern und kostete

der Grund 39,537 fr.
der Bau 4,725,028 „

Total 4,764,565 fr.

Es wurde 1846 von 154 Schlächtern benutzt (und zwar 60 bouchers réguliers, 30 bouchers en gros, vendeurs à la cheville, 64 bouchers acheteurs à la cheville). Geschlachtet wurden 320,024 Stück Vieh.

Abattoir Menilmontent hat 27 Gebäude mit 64 Schlacht-kammern und kostete

der Grund 132,704 fr.
der Bau 4,075,487 „
Total 4,208,191 fr.

Es wurde 1846 von 146 Schlächtern benutzt, welche 192,856 Stück Vieh dort schlachten liessen.

Abattoir Grenelle hat 48 Schlachtkammern, seit 1841 einen artesischen Brunnen, und kostete

der Grund 121,555 fr.
der Bau 3,075,121 „
Total 3,196,676 fr.

Wurde von 89 Schlächtern benutzt, welche 77,678 Stück Vieh schlachteten.

Abattoir Villejuif hat 32 Schlachtkammern und kostete

der Grund 54,423 fr.
der Bau 2,408,753 „
Total 2,463,176 fr.

Wurde von 40 Schlächtern zum Schlachten von 28,852 Stück Vieh benutzt.

Abattoir du Roule ist das kleinste, hat 23,660 métres carrés, 32 Schlachtkammern und kostete

der Grund 214,088 fr.
der Bau 2,500,916 „
Total 2,715,004 fr.

Es wurde 1846 von 63 Schlächtern benutzt (31 bouchers réguliers, 4 b. en gros, 28 b. acheteurs à la cheville) und schlachtete 54,138 Stück Vieh.

Die Schlachtgebühren betrugen damals 75 Centimes für das Zollpfund (¼ Kilo) des ausgeschlachteten Fleisches!

Jetzt erfordert der Dienst in den Schlachthäusern 13 Inspectoren, welche in den Schlachthäusern wohnen und Gehalt von 1500 bis 30,000 fr. beziehen; ausserdem 14 Aufseher mit je 1000 fr. Gehalt (cf. Deutsche Gemeinde-Zeitung 1862, No. 45).

c. In Belgien (Brügge, Gent, Mecheln, Brüssel) sind die Schlachthäuser meist in Verbindung mit dem Viehmarkt und nach französischem Muster angelegt. Das zu Brüssel liegt mit zwei

Seiten am Senne-Fluss, hat 62 Schlachtkammern, von denen die für Schweine in einem abgesonderten Gebäude vereinigt sind, Remisen, Viehställe, Heuböden, Eiskeller, Kaldaunenwäsche, Talgschmelze und Lichtfabrik. Unmittelbar vor der Anstalt wird der Markt für Schlachtvieh, Felle und den Talg abgehalten. (Siehe die beigegebene Tafel.)

Es wurde 1842 eröffnet; seine Erbauung kostete 900,000 fr. (=240,000 Thlr.), die Verwaltung erfordert jährlich 15,000 fr. (= 4,000 Thlr.); der Netto-Ertrag ist 180,000 fr. = 48,000 Thlr. Es verzinset also das Anlage-Capital der Stadt mit 20 Procent, und bildet daher in dieser Beziehung einen auffallenden Gegensatz zu den Schlachthäusern in Wien.

Die Gehälter sind mässig. Der Inspecteur en chef hat freie Wohnung und 15,000 fr. jährlich; zwei sachverständige Inspectoren und der Thierarzt beziehen jeder 600 fr., der Aufseher hat 500 fr. und Wohnung. Ausserdem sind beschäftigt, ein Kassirer vom Personal der Communal-Verwaltung und mehrere geschworne Sachverständige (ohne festes Gehalt). Das ganze Personal steht unter der Direction des Communal-Steuer-Director.

Die Schlachtgebühren betragen für Ochsen pro Stück 6 fr., Kühe oder Färsen 4 fr., Kälber über 60 Kilo Brutto wiegend 3 fr., Kälber unter 60 Kilo 2 fr., Hammel, Schafe ¹⁄₄ fr., Schweine (1. und 2. Klasse) 3—2 fr., Spanferkel ¹⁄₄ fr.

Die Schlachtungen betrugen jährlich nach directen Mittheilungen:

Ochsen	7,100 à	6 fr.	= 42,600 fr.
Stiere	2,300 à	6 „	= 13,800 „
Kühe	6,700 à	4 „	= 26,800 „
Hammel etc.	32,000 à	¹⁄₄ „	= 24,000 „
Kälber	16,700 à 2—3 „		= 41,750 „
Schweine	66,800 à 2—3 „		= 36,700 „
		Total	185,650 fr.

Ausser der Schlachtgebühr muss jeder der 380 Schlächter Brüssels, welcher eine Brühkammer mit dem nöthigen warmen Wasser benutzen will, jährlich 100 fr., und für eine grössere oder kleinere Talgschmelze 200 resp. 100 fr. zahlen. Dadurch werden noch reichlich 10,000 fr. erzielt, so dass sich die Brutto-Einnahme 195,650 fr. und nach Abzug der 15,000 fr. Verwaltungskosten die reine Einnahme auf ungefähr 180,000 fr. stellt.

Unmittelbar nach dem Schlachten wird jedes Stück von dem Inspector besichtigt, wobei nöthigenfalls auch Einschnitte gemacht werden dürfen. Findet sich Fleisch zu beanstanden, so wird es in einem besondern Local sogleich verschlossen (um später vergraben zu werden) und der Polizei sofort Anzeige gemacht. Wenn der Eigenthümer sich dabei nicht beruhigt, so kann er innerhalb 24 Stunden eine neue Besichtigung durch zwei Geschworne und einen Inspector verlangen. Diese genauere Fleischbeschau kostet für 1 Ochs, Stier, Kuh oder Färse 6 fr., für 1 Kalb, Schwein oder Hammel 3 fr., für 1 Schaf oder Spanferkel 1½ fr. — Wird schliesslich das Fleisch für unzulässig erklärt, so trägt der Reclamant die Gebühren, andernfalls die Commune.*) In den ersten 8 Monaten des Jahres 1858 wurden 24 Stück Schlachtvieh mit 14,000 Pf. Fleisch als gesundheitsschädlich confiscirt.

Der Preis des Fleisches hat sich — nach brieflichen Mittheilungen des dortigen Directeur en chef — durch Einführung des Schlachthauses durchaus nicht verändert. —

d. Augsburg hat zwei musterhaft verwaltete Schlachthäuser bei etwa 46,000 Einwohnern, 80 Schlächtern und einem jährlichen Consum (1. Octbr. 1862—Octbr. 1863) von

4,215 Mastochsen,
4,479 Kühen, Stieren, Jungrindern,
22,845 Kälbern,
5,261 Schafen,
13,207 Schweinen.

Beide Schlachthäuser, das städtische und die Fremdenmetzg liegen in der Stadt (frei an einem der Lechkanäle), haben keine Viehställe, die Fremdenmetzg auch nicht Eiskeller und das städtische keine Räume zum Schweineschlachten.

Das städtische wurde 1850 auf Communal-Kosten gebaut, die innere Einrichtung aber von den Schlächtern angeschafft. Alles zusammen kostete 30,000 fl. Rh. Es hat 100' (bayr. Maass) Länge, 50' Breite, 30' Höhe bis zum Gesimse. Der innere nutzbare Raum beträgt 4184' □, so dass 20—30 Ochsen und 150 kleine Thiere ohne Störung gleichzeitig darin geschlachtet werden können.

Neben diesem Schlachthause befindet sich die prächtige Fleischhalle, 1856 für 36,000 fl. erbaut, welche an Reinlichkeit, Eleganz und Zweckmässigkeit keinem derartigen Locale

---

*) Cf. Règlement pour le service de l' abattoir et la police des marchés aux bestiaux, aux peaux et au suif. — Bruxelles, Imprimerie de Bols-Wittouck, Rue au lait 21. — Art. 26, 28, 29, 70.

irgend einer andern Stadt nachsteht. Hiei wird nur Fleisch erster Qualität, aber in einem östlichen Anbau, der Schmalbank, auch solches zweiter Qualität verkauft.

Die Fremdenmetzg oder Freibank wird meist uur von auswärtigen Schlächtern, sonst auch zum Schweineschlachten benutzt. Rechts und links von derselben befinden sich die Verkaufslocale, wo Fleisch 1. und 2. Qualität um 1 xr. billiger als in der Hauptmetzg, ausserdem aber — in einer besondern Bank — auch 3. Qualität verkauft wird. (Cf. Adam, Wochenschrift für Thierheilkunde 1857, Nr. 34, 35) Als Schlachtgebühren wird an die Communalkasse nur die städtische Accise, die in ganz Bayern gleichmässig normirt ist, bezahlt. Sie beträgt für einen Ochsen 1 fl. 40 xr., für 1 Kuh, Stier, Jungrind 45 xr., für 1 Mastschwein 30 xr., für 1 Kalb, Schaf oder gewöhnliches Schwein 10 xr. Die Einführung der Schlachthäuser hat hier, wie in ganz Bayern, keinen Einfluss auf die Fleischpreise gehabt.

e. München besitzt seit langer Zeit drei öffentliche, der Commune gehörige alterthümliche Schlachthäuser; zwei davon für die städtischen Schlächter, das dritte hauptsächlich für auswärtige Oekonomen. Bis jetzt besteht kein durchgreifender Schlachtzwang; nur diejenigen städtischen Metzger, welche in den öffentlichen Freibanken verkaufen wollen, müssen im Schlachtbause schlachten, die aber „Privatbanken" (Verkaufsläden) haben, sowie die Bräuer, Wirthe und Köche dürfen ihie Locale im Hause dazu benutzen.

An Schlachtzins wird für jedes Stück grosses Vieh 48 xr., für Kleinvieh 12 xr. bezahlt (cf. Münchner Amtsblatt 1862, Nr. 27. Freibank-Ordnung §. 15). Dafür wird die Benutzung des Schlachthauses, der Freibank und der darin befindlichen Geräthschaften gewährt, so wie das Abwägen von Fleisch, Haut, Unschlitt und Eingeweiden durch den hierzu angestellten verpflichteten Waagmeister. Private, welche für ihren Hausbedarf schlachten, haben für jedes Stück grosses Vieh 12 xr., für kleineres 3 xr., Gewerbtreibende aber, welche Privatschlachthäuser besitzen, für jedes Stück ohne Unterschied 2 xr. Beschau-Gebühr noch vor der Schlachtung mit dem Fleischaufschlage zu entrichten (§. 6 der Münchner Vieh- und Fleischbeschau-Ordnung).

An Marktgebühren wird pro Tag und Stück bezahlt 6 xr. für Grossvieh, 4 xr. für Kleinvieh.

Der Ertrag, den die Commune aus den Fleischbanken und

Schlachthäusern bezieht, ist auf 3,289 fl. jährlich veranschlagt, während die Unterhaltungskosten nur 500 fl. betragen.

Trotzdem nun auch in München, wie in ganz Bayern, die Fleischbeschau recht gründlich gehandhabt wird, so genügt den dortigen städtischen Behörden die bestehende Einrichtung doch noch nicht. Abgesehen davon, dass die vorhandenen Schlachthäuser nach Lage, Grösse und innerer Einrichtung den jetzigen Anforderungen nicht mehr entsprechen, so hat die Commune auch durch die Erfahrung vollständig erkannt, dass nur durch das Concentriren aller Schlachtungen in ein allgemeines Schlachthaus die gewünschte sanitäts-polizeiliche Controle thatsächlich erreicht werden kann. Dies ist für sie dringendes Bedürfniss genug, und ohne erst durch Noth, Unglück und zahlreiche Todesfälle (Trichinen!) zum raschen Handeln gedrängt zu werden oder gesetzlich gezwungen zu sein, hat sie, in wohlthuender Fürsorge um das gemeine Wohl, neuerdings beschlossen, öffentliche Schlachthäuser auf Gemeindekosten erbauen zu lassen. Dem Vernehmen nach sind ihrer vier projectirt, mit einem Voranschlage von 2 Millionen Gulden. Die Regierung wird das Unternehmen dadurch wesentlich unterstützen, dass sie allen Metzgern in München die Zwangspflicht auferlegt, nur im öffentlichen Schlachthause zu schlachten. Da aber die Communal-Verwaltung auch nicht beabsichtigt, höhere Schlachtgebühr festzusetzen, so ist sie darauf gefasst, künftig noch periodische Zuschüsse aus der Gemeinde-Kasse zu leisten.

Dies Beispiel ist recht lehrreich, namentlich für diejenigen welche hier in Berlin die Ehre der Erbauung öffentlicher Schlachthäuser der Privatspeculation überlassen und die Rentabilität der Anstalt nicht vom Schlachtzwange abhängig machen, sondern ihre Benutzung dem Belieben der Schlächter anheim geben wollen.

f. Welche pecuniäre Resultate endlich nun die Schlachthäuser in Berlin haben können, wird wesentlich von der Höhe des Anlage-Capitals, von der soliden Ausführung eines einfachen aber zweckmässigen Bauplanes, und von der Unterstützung durch die Gesetzgebung in der Durchführung des Schlachtzwanges abhängen. Man kann aber schon jetzt nachweisen, dass sie bei den etwa 353,000 Schlachtungen, die wir in Berlin haben, und bei sehr mässigen Schlachtgebühren ein selbst hoch angenommenes Anlage-Capital gut zu verzinsen im Stande sein werden.

Es wurde nämlich vom Baurath Cantian i. J. 1854 die Erbauung dreier für lange Zeit ausreichender Schlachthäuser mit

1,275,000 Thlr. veranschlagt. Nach seiner Berechnung käme ungefähr auf 7000 Einwohner eine Schlachtkammer, so dass Berlin mit 548,000 Einw. jetzt deren etwa 80 bedürfte. Der i. J. 1862 vom Baumeister Schramke vorgelegte Plan (freilich nicht für alle Schlächter berechnet) verlangt für Erbauung dreier kleinerer Schlachthäuser nur 25,000 Thlr. Wir greifen daher gewiss nicht zu niedrig, wenn wir die Kosten für drei vollständige Schlachthäuser, mit Grund und Boden, auf 1,500,000 Thlr. veranschlagen. In Wien sind für beide, reichlich ausgestattete, Anstalten 33,400 fl. Verwaltungskosten ausgesetzt; wir können daher für drei hiesige höchstens 40,000 Thlr. annehmen. Kommen hierzu die später zu erwähnenden mikroskopischen Fleischuntersuchungen mit jährlich 10,000 Thlr. (20 Personen mit je 500 Thlr. Gehalt), so haben wir 50,000 Thlr. Verwaltungskosten.

Der Consum in Berlin war nach genauen amtlichen Mittheilungen in den letzten Jahren folgender:

	Ochsen, Stiere.	Kühe, Färsen.	Kälber.	Hammel, Schafe.	Lämmer.	Schweine.	Ferkel.
1855	15,087	12,129	50,011	111,399	854	75,009	450
1856	15,503	13,838	54,745	111,456	948	76,741	318
1857	17,831	16,741	58,802	110,429	1057	86,926	364
1858	20,069	15,034	59,117	120,616	988	93,560	278
1859	20,565	15,151	57,749	125,249	1171	102,101	345
1860	23,017	15,232	60,542	124,275	1053	108,605	226
1861	2.,682	19,079	62,618	121,503	1065	115,576	280
1862	23,292	15,351	62,965	130,641	1020	119,178	252
Also in rund. Zl.:	23,300	15,400	63,000	131,000	1000	120,000	250

Nehmen wir nun die höchst mässige Schlachtgebühr von 1¼ Thlr. für jeden Ochsen, 1⅓ Thlr. für die Kuh, 10 Sgr. für das Kalb, 5 Sgr. für jeden Hammel, 5 Sgr. für jedes Lamm, 15 Sgr. für jedes Schwein und 5 Sgr. für jedes Ferkel, so erhalten wir:

23,300	Ochsen	à 1¼	Thlr.	Schlachtgebühr	34,950	Thlr.
15,400	Kühe	à 1⅓	„	„	20,533⅓	„
63,000	Kälber	à 10 Sgr.		„	21,000	„
131,000	Hammel etc.	à 5	„	„	21,833⅓	„
1,000	Lämmer	à 5	„	„	166⅔	„
120,000	Schweine	à 15	„	„	60,000	„
250	Spanferkel	à 5	„	„	41⅔	„

Summa 158,525 Thlr.

Ab Verwaltungskosten 50,000 „

Bleiben 108,525 Thlr.

welche auf 1,500,000 Thlr. Anlage-Capital etwa 7¹/₄ Procent Dividende ergeben.

Berechnet man ferner den Einfluss der Schlachtabgabe auf
den Pfundpreis des Fleisches, indem man sehr mässige Durch-
schnittszahlen für die Ergiebigkeit der verschiedenen Sorten
Schlachtvieh annimmt, so ergiebt sich folgendes:

Ochsen à 540 Pfd. u. 1¹/₄ Thlr. Schlachtgebühr pro Pfd. 1   Pf.
Kühe à 360 Pfd. u. 1¹/₂ Thlr. Schl.-Geb. pro Pfd.   1¹/₂ „
Kälber à 80 Pfd. u. 10 Sgr. Schl.-Geb. pro Pfd.   1¹/₄ „
Hammel, Schafe à 40 Pfd. u. 5 Sgr. Schl.-Geb. pro Pfd. 1¹/₂ „
Schweine à 150 Pfd. und 15 Sgr. Schl.-Geb. pro Pfd.   1¹/₄ „

Schon diese Preiserhöhung ist so gering, dass sie auf den
Pfundpreis keinen Einfluss haben kann, wenn man bedenkt, dass
dem Schlächter dafür die Fleischbeschau, die Viehställe, Futter-
gelass, Hauttrockenboden, Aufbewahrungskeller, Waage, sowie das
nöthige warme und kalte Wasser gewährt wird. Aber die Schlachtgebühren werden noch niedriger gestellt werden können, wenn
man die Anstalten bei einfacher, billiger Bauart nicht als kauf-
männische Speculation betrachtet und daher weniger auf hohe
Dividende sieht. Die Einnahmen werden sich noch bedeutend
steigern durch Benutzung von Seiten der Gutsbesitzer und Viehzüchter aus der Umgegend, durch Verpachtung des Stalldüngers
und der Abgänge, durch Darstellung von Pepsin (Wien) und Al-
bumin, Salmiak, Blutlaugensalz, durch Talgschmelzerei und durch
Märkte für Schlachtvieh, für die Felle, den Talg u. s. w., Licht-
und Seifenfabrication, welche sich, wie es in mehreren Städten
geschehen ist, ganz zweckmässig unmittelbar an die öffentlichen
Schlachthäuser anschliessen.

Aber wiederholt muss darauf hingewiesen werden,
dass sich günstige Resultate nur erzielen lassen, wenn
die Anstalten, wie in Frankreich, Belgien, Oesterreich
und Bayern, durch die Regierung, resp. Gesetzgebung
und Polizei-Verwaltung ernstlich unterstützt werden.
Daher muss

ad 2) den Schlächtern ihre vermeintliche Concession zum
Schlachten im Privathause ohne jede directe Entschädigung ent-
zogen und ihnen die Benutzung der öffentlichen Schlachthäuser
gesetzlich auferlegt werden. Dass dies ausführbar ist, zeigt
die Geschichte der Schlachthäuser in oben genannten Ländern.
Hat ja doch schon hier das Polizei-Präsidium (1810) das Schlachten im Hause als Ausnahme betrachtet, sobald nur die Stadt ihrer

Verpflichtung, öffentliche Schlachthäuser zu bauen, nachgekommen ist. Ausserdem ist nur durch strengste Aufrechthaltung des Schlachtzwanges eine genaue Controlle und das Bestehen der Anstalt möglich. Daher gleich der erste Artikel im Reglement des Brüsseler Schlachthauses ausdrücklich bestimmt: Défense est faite d'abattre aucune pièce de bétail .... ailleurs que dans l'abattoir public. Nur in Hamburg besteht eine provisorische Ausnahme hiervon. Die 102 „Schlachter" der innern Stadt theilen sich in zwei Corporationen: „das Amt der Schlachter vom alten Schrangen," und „die Knochenhauerbrüderschaft vom neuen Schrangen." Für letztere hat der Staat 1838—1841 das neue Schlachthaus bauen lassen. Das Schlachthaus derer vom alten Schrangen brannte 1842 ab, und sie müssen sich nun ausnahmsweise mit Privatschlächtereien behelfen, bis auch sie ein neues öffentliches Schlachhaus haben werden.

Unsere Schlächter haben übrigens keine Veranlassung für ihre Privatschlachteinrichtungen so eingenommen zu sein, denn mit Ausnahme von wenigen musterhaften Schlachthöfen sind die der Andern nicht viel mehr als Remisen und Kammern. Indirect werden sie durch den steigenden Werth ihrer Grundstücke reichlich entschädigt, da letztere nur gewinnen können, wenn sie durch Entfernung des Schlachthauses zugleich von den Ratten, dem üblen Geruch und dem abfliessenden Blute befreit werden.

ad 3) Die übrigen Einwendungen sind womöglich noch unhaltbarer. Das Rasseln der Wagen wird vermieden oder doch sehr gemindert, wenn dieselben in Federn hängen; sind sie ausserdem bedeckt, so dass sie Schutz gegen Regen, Sonne und Staub gewähren, so wird das Fleisch durch den Transport nicht leiden. In Wien, wo viel Fleisch von vorzüglicher Qualität consumirt wird, beträgt die Entfernung vom Schlachthause zu manchen Schlächterläden eine Stunde, und dennoch haben die entfernt Wohnenden niemals eine Verschlechterung des Fleisches durch den Transport gemerkt.

Der Unterschleif wird, wie es z. B. in Brüssel geschieht, einfach dadurch verhindert, dass das Fleisch dem abholenden Gesellen zugewogen und notirt wird. Ausserdem sind die Wagen verschliessbar.

ad 4) Die Schlächter befürchten, es möchte durch den „nothwendigen Ausschluss" ihrer auswärtigen Collegen ihnen, in der Stadt, ein dem Publicum gefährliches Monopol geschaffen werden, und besorgen eine Vertheuerung des Fleisches! Wir haben nachgewiesen, dass eine Erhöhung der Fleischpreise durchaus nicht berechtigt wäre; sollten aber dennoch einige Schlächter dieselbe unbegründeterweise versuchen, so wird entweder die Fleischtaxe nach bayrischem Muster, oder noch besser die freie Concurrenz ein kräftiges Mittel dagegen sein. Es ist schwer einzusehen, wie man nur annehmen konnte, dass die Commune die Schlachthäuser zum ausschliesslichen Gebrauche für das hiesige Schlächtergewerk bauen werde. Wo Schlachthäuser aus früherer Zeit bestehen (Breslau, Liegnitz, Stettin, Stargardt, Königsberg, Danzig, Dresden, Düsseldorf u. a. O.), da gehören sie freilich der Innung (Ausnahme München), welche eifrig darüber wacht, dass sie nur von Innungsmitgliedern benutzt werden. In solchen Städten wird also auch ausser dem Schlachthause geschlachtet und die angestrebte genaue Controlle ist nicht möglich. Die Berliner öffentlichen Schlachthäuser werden aber nicht Innungsgut, sondern städtisches Eigenthum sein, die Benutzung derselben muss, unter gewissen Bedingungen, Jedem frei stehen. Die Viehzüchter, Landwirthe und Schlächter aus der Umgegend werden dort schlachten lassen, um nun die Wochenmärkte mit gutem, gesundem Fleische zu beziehen. Es werden sich Consum-Vereine bilden, welche ein ganzes Stück Vieh ankaufen, schlachten lassen und unter sich vertheilen. So geschah es in Paris, als etwa 1850 der Kampf gegen die seit 1810 bestehende Corporation der 501 Schlächter begann. Sie hatten seit langer Zeit die Fleischpreise in ihrer Hand, und trotz der Schlachthäuser wurden die Klagen über die Fleischvertheuerung immer häufiger (cf. Huzard et Emery Ann. d'hyg. Avril 1848). Da traten 1853 die Arbeiter der Fréres-Didot'schen Officin zusammen und kauften grosse Fleischquantitäten auf den Fleischauctionen der Landwirthe (Vendeurs à la cheville) im Schlachthause. Der Erfolg war so brillant, dass sie schnell Nachahmer fanden und dass andererseits die Verkäufer sich ihnen mit dem besten Vieh anboten. Denn diese hatten dadurch trotz Octroi-Gebühren, Schlachtkosten, Localmiethe, Auctionskosten etc. viel bessere Preise als bisher von den Schlächtern erhalten, und die Käufer das Fleisch mindestens 30 Procent billiger. Aber dies durfte, so lange der Zunft- und Gewerbszwang bestand, nur in einem Schlachthause und nicht in so ausgedehntem Maasse, als es wünschenswerth war, geschehen. Die grosse Fleischtheuerung Ende 1854 rief von Neuem die lebhaftesten Klagen hervor. Da wurde endlich durch Decret vom 25. Febr. 1858 der Fleischhandel vollständig freigegeben, der bis dahin bestandene Zwang des Verauctionirens in grossen Quantitäten aufgehoben und Jedem gestattet, den Verkauf auch im Kleinen, Einzelnen zu betreiben. Vier neue Schlachthäuser wurden eröffnet, um dem bedeutend gesteigerten Fleischhandel zu genügen. Kaiser Louis Napoleon, der sich für die ganze Angelegenheit persönlich lebhaft interessirte, gab aus seiner Privat-Chatoulle 25,000 fr. dazu. Bald sanken die Fleischpreise, die Landwirthe verwertheten ihr Vieh durchweg besser und die Folgen der freien Concurrenz traten in erfreulicher Weise hervor (cf. Rapport à l'Empereur par S. Exc. le ministre de l'agriculture etc. concernant le commerce de la boucherie à Paris. Tardieu Dict. d'hyg. 1862, t. i. p. 278). Mögen sie denn auch in gleichem Maasse unserer Stadt zu Theil werden. Nur dann wird es möglich sein, die Einfuhr des auswärts, d. h. ohne Controlle, geschlachteten Fleisches ganz zu verbieten (cf. die oben citirte Stelle aus Gurlt u. Hertwig's Magaz. Bd. XIX. S. 286).

Denn dieses ist, wie leicht ersichtlich, durchaus nothwendig, wenn überhaupt die Schlachthäuser ihrem sanitäts-polizeilichen Zwecke entsprechen sollen.

Was aber die Einfuhr der andern Fleischwaaren, der Schinken, Würste und des Speckes betrifft, so lässt sie sich nicht so unbedingt verbieten.

Der Speck könnte am ehesten ohne weitere Controlle zuzulassen sein, da er Trichinen nicht enthält.

Die Schinken dagegen bedürfen einer besondern Aufmerksamkeit; es müssten alle von auswärts kommenden das Schlachthaus resp. die Prüfung auf Trichinen passiren, was bei einiger Uebung leicht und schnell auszuführen ist. Hierzu wird es nöthig, eine mikroskopische Fleischbeschau im Schlachthause einzusetzen, für welche in der oben angedeuteten Ausgabenberechnung jährlich etwa 10,000 Thlr. ausgeworfen wurden. Voraussichtlich wird sich aber die Zufuhr verringern, wenn wir durch hiesige Schlachthäuser eine billigere Garantie über die Unschädlichkeit der hier verfertigten resp. geräucherten Schinken erhalten.

Die Würste endlich lassen sich als solche in Bezug auf Finnen und Trichinen nicht controlliren, da sie ein mechanisches Gemenge von verschiedenen Fleischtheilen enthalten und die Abwesenheit von Trichinen in dem einen Theile der Wurst durchaus keinen Schluss auf das Ganze gestattet. Die hier fabricirten werden in dieser Beziehung natürlich unschädlich sein, wenn das Fleisch dazu aus dem öffentlichen Schlachthause kommt, daher kann sich dieser Industriezweig in Berlin bedeutend heben. Die von ausserhalb kommenden müssen jedoch preisgegeben werden: der Verständige wird sie nicht geniessen und der kluge Schlächter wird sie gar nicht im Laden feil halten, um seine hiesige gute Waare nicht in Misscredit zu bringen.

Die Specialisirung der zu einem vollständigen Schlachthause nothwendigen Baulichkeiten gehört nicht hierher (cf. Romberg's Zeitschrift für praktische Baukunst 1859, S. 49).

Wir haben nur ein Gebot der Humanität zu erfüllen geglaubt, wenn wir durch obige Darstellung auf die Nothwendigkeit, Ausführbarkeit und Rentabilität öffentlicher Schlachthäuser für Berlin hinweisen. Möge die Communal-Verwaltung, von der Regierung unterstützt, die Initiative ergreifen und Anstalten von so grosser Bedeutung und weitreichendem Einfluss nicht der Privat-Speculation überlassen! Sollte indess ihre Erbauung in ganzer Ausdehnung und für jedes Schlachtvieh abgelehnt werden, so würden wir es immerhin als einen Fortschritt ansehen, wenn zunächst nur solche für Schweine errichtet würden (natürlich mit mikroskopischer Untersuchung der Schinken). Die Rentabilität derselben ist ausser Zweifel, da wir jetzt schon einen jährlichen Consum von über 120,000 Schweinen haben, der sich, wie die oben (S. 29) mitgetheilte Tabelle zeigt, jährlich um etwa 6000 Stück vermehrt. Ausserdem kann es den Schlächtern nur erwünscht sein, wenn sie, bei den doch thatsächlich vorkommenden Trichinen-Erkrankungen, vor den Strafen des §. 345 des Str.-Ges. sicher gestellt werden. Auch wird die künftige Einrichtung besonderer Schlachthäuser für Rindvieh nicht abgeschnitten, da solche für Schweine getrennt bestehen und als vorläufige Probe-Anstalten betrachtet werden können.

Die zur Berathung der Trichinenfrage niedergesetzte Commission der medicinischen Gesellschaft zu Berlin.

Dr. A. C. Felt (Berichterstatter). Prof. Dr. Gurlt. Dr. Klebs.
Dr. Paasch. Dr. v. Recklinghausen. Prof. Dr. Remak.
Dr. Riedel. Prof. Dr. Virchow.